de la A a la Z
Costa Rica

A la memoria de Carlos Mario Morales Quirós

de la A a la Z
Costa Rica

Minor Arias Uva
Ilustrado por Ruth Angulo

everest

A de ABORÍGENES

Desde tiempos antiguos habitaron estas tierras,
lluvia, montañas, animales mágicos, lunas llenas.
Los conquistadores vinieron a hacerles la guerra.
Ellos huyeron con sus tambores por entre la selva.

Pintan sus tejidos con los colores de la naturaleza.
Cuando cantan y bailan, las enfermedades se alejan.
Los ancianos curan con hierbas sagradas y con piedras,
beben chocolate, comen maíz y le sonríen a las estrellas.

Bribris, Cabécares, Borucas, Ngobes, Chorotegas,
Malekus, Huetares y Térrabas son nuestras étnias.
Todavía hoy sus luchas son intensas,
desean conservar sus territorios, sus costumbres y sus fiestas.

En Costa Rica existen ocho grupos indígenas distribuidos en veinticuatro territorios. Representan el 1,7% de la población total del país (63 876 personas). En la actualidad hay una mayor conciencia por conservar su cultura, por defender sus tierras y sus derechos.

B de BOYEO

Avanza la carrera de giros musicales
con dos hermosos bueyes que obedecen al boyero,
es una obra de arte entre montañas y cafetales
que brilla aún más con el sol y con los aguaceros.

En el pasado por entre senderos y parajes
esa carreta fuerte nos llevó hasta el mar.
En agradecimiento le dibujamos figuras y paisajes,
y ahora es patrimonio intangible de la humanidad.

Espero que usted viaje un día a vivir la aventura
de conocer la carreta más gigante de la tierra,
cinco metros de ancho, doce metros de altura,
está acá, en Sarchí, esperando que usted venga.

En Costa Rica las carretas se pintan con dedicación, tanto así que se convierten en verdaderas obras de arte.

C de CHIRRIPÓ

A 3 820 metros de altura, tocando los lienzos del cielo,
está el Chirripó, el cerro más alto de Costa Rica.
Cada año cientos de personas lo suben con anhelo,
la montaña se alegra porque sabe lo que esto significa.

Dicen los indígenas que allá arriba vive Dios,
que por eso el viento canta y nos tranquiliza.
Dicen también que en la sabana de los leones anida el sol.
Que quien toma agua de sus fuentes, se inmortaliza.

Al caer la noche en este cerro sagrado
se escucha palpitante el corazón de nuestro planeta.
En la base de campamento nos dormimos agotados,
pero las manos nos brillan como si fuesen luciérnagas.

Es el cerro más alto de Costa Rica, se ubica en la Cordillera de Talamanca. Tiene lagos de origen glaciar. Desde su cumbre se pueden observar el Mar Caribe y el Océano Pacífico. Se ingresa por el pueblo de San Gerardo de Rivas, y tiene una base o campamento. Está dentro del Parque Internacional La Amistad.

D de DIABLITOS DE BORUCA

Los diablitos se preparan en el cerro para salir a la guerra,
por la mañana un enorme toro llega,
los diablitos se defienden con alegría y destreza:
le halan la cola, lo pellizcan, le arrancan el pelo, lo marean.

A los tres días el toro con su maña
los tumba, los vence,
huye triunfante hacia las montañas.
Todos los diablitos mueren.

Un milagro ocurre: el Diablo Mayor despierta.
Con el sonido de un caracol resucita a sus diablitos.
Con perros furiosos buscan el toro a montaña abierta.
Lo encuentran, lo vencen y lo celebran con alegres gritos.

Es una tradición que se celebra en el pueblo Brunca, en las comunidades de Boruca y Yimba-Curré. La fiesta de los diablitos es una ceremonia que representa la lucha contra los conquistadores. Cada año los diablitos renacen como símbolo de resistencia contra la cultura impuesta.

E de ESFERAS

En la soledad de la selva
nuestros artistas indígenas les dieron forma.
Con mucha dedicación y avanzadas técnicas,
diseñaron sus hermosas esculturas redondas.

Las esferas del Valle del Diquis
son todavía un gran misterio,
dicen que representan con su color gris
la posición de los planetas en el universo.

A mí me gusta visitar Palmar Sur,
donde se encuentran muchas esferas reunidas.
Me gusta observarlas con toda su luz,
porque las esferas están llenas de gozo y armonía.

El Valle del Diquis estuvo habitado por una amplia población indígena. Trabajaron figuras humanas de altas dimensiones y utensilios, no únicamente las esferas. Es el único lugar del mundo donde las esferas de piedra están ordenas con algún sentido. Además es donde se encuentra la mayor cantidad reunida. Esto ha generado la visita de científicos y curiosos de todo el planeta.

F de FLORA Y FAUNA

Nuestras montañas son refugio
para animales y plantas:
ranas verdes, rojas, de piernas azules,
de panzas doradas.
Jaguares, quetzales, tapires o dantas,
y del bosque hacia el mar:
delfines y ballenas jorobadas.

      Orejas peludas, cuerpo negro y marrón,
      el mono tití no grita desde el corazón.
      Con su voz potente de tenor
      el mono congo nos recibe con su canción.

El cariblanco es el más travieso,
hace sus acrobacias y nos mira con recelo.
El mono araña o mono colorado
pasa de un árbol a otro con su vuelo mágico.

  Gran parte de Costa Rica es zona protegida mediante la modalidad de parques nacionales. Varios de ellos están dedicados especialmente al ecoturismo y a la investigación. Este país es considerado uno de los 20 países con mayor biodiversidad del mundo.

G de GUANACASTE

Le llaman el árbol de las orejas,
por eso escucha y se pone nostálgico
cuando alguien lastima nuestra madre selva
o cuando los niños olvidan que es un árbol mágico.

Muchos animales comen sus frutos
y llevan sus semillas por todas partes.
Se protegen bajo su sombra en días calurosos,
sí que es generoso nuestro árbol de Guanacaste.

Yo extraño a mis abuelos
cuando descanso en este árbol,
entonces soplan fuertes los vientos
y sus ramas me saludan como si fuesen manos.

El Guanacaste (*Enterolobium cyclocarpum*) fue declarado árbol nacional de Costa Rica en 1959. Tiene hojas grandes compuestas por varias hojas pequeñas. Las flores son motitas de color blanco amarillento. Los frutos son legumbres o vainas circulares que asemejan una oreja. Su madera es muy codiciada para la confección de muebles. Llegan a vivir hasta 70 años. Puede alcanzar de 20 a 45 metros de altura, con una bellísima copa esférica. Sus semillas se usan para hacer collares y pulseras.

H de HUMEDALES

Los humedales son espacios acuáticos
que resguardan nuestras especies silvestres,
hogar de ostras, manatíes y pájaros,
lagartos, garzas azules y peces.

Los manglares llenan de verde los litorales de Costa Rica.
Son árboles que pueden crecer en el agua dulce o marina:
mangle caballero, blanco, rojo, mangle piñuela,
los manglares son canto y refugio para la vida.

Filtran el agua para limpiarla de impurezas,
producen oxígeno, y algo muy importante,
no permiten que los huracanes
entren directo hasta la tierra.

En Costa Rica tenemos varios sitios declarados como Ramsar, es decir, de importancia mundial para la conservación de la vida: humedales Térraba-Sierpe, Gandoca-Manzanillo, Potrero Grande, Parque Nacional Palo Verde, entre muchos otros. Se considera que los humedales son los ecosistemas más productivos de la Tierra, además, por siglos han permitido la filtración del agua llovida, lo que ha formado importantes mantos acuíferos.

I de ISLA DEL COCO

Sumergida en el océano pacífico,
con cientos de pájaros y especies marinas,
con su bosque siempreverde y sus arrecifes coralinos,
la Isla del Coco nos espera.

Cuenta la leyenda que en nuestra isla
los más famosos piratas ocultaron sus fortunas:
Morgan, Edward Davies y Benito Espada Sangrienta.
Todavía se escuchan sus voces en las noches claras de luna.

Patrimonio Natural de la Humanidad,
la isla preferida del gran investigador Jack Cousteau,
tiene más de dos mil cataratas de agua limpia,
y la riqueza natural es su más preciado tesoro.

La Isla del Coco fue declarada Parque Nacional de Costa Rica en 1978. Es refugio marino para tiburones punta blanca, tiburón martillo, entre otras especies. Tiene una superficie de 24 kilómetros cuadrados, con una área marina de 12 millas náuticas a su alrededor. Es un laboratorio viviente para investigadores de todo el mundo. Patrimonio Natural de la Humanidad.

J de JAGUAR

En los claros del bosque tropical,
cerca de las aguas caudalosas,
un jaguar recién nacido
persigue alegre una mariposa.

Su mamá descansa
bajo la sombra de un árbol de almendro,
se rasca la panza
y deja salir un gran bostezo.

Más tarde madre e hijo se lanzan a las pozas.
Nadan, juegan, se comen un pez.
Son un par de felinos de patas anchas,
que recorren el bosque al derecho y al revés.

El jaguar es el felino más grande del bosque tropical. Llegan a pesar hasta cien kilogramos. Se encuentran en peligro de extinción, sobre todo por la pérdida de bosque, ya que ellos necesitan un amplio territorio para desplazarse. En Costa Rica viven en los Parques Nacionales: Tortuguero, Santa Rosa, Corcovado, entre otros.

K de KÁPI

Kápi significa café
en nuestro idioma indígena Bribri,
nuestros agricultores lo sembraron con fe,
y el grano de oro, como le decimos, creció libre.

En tiempos de recolección de café
la familia junta llega a los cafetales,
los niños juegan hasta el atardecer
y les cuentan cuentos de duendes y de animales.

Cuando los cafetales florecen
los pueblos completos se perfuman de blanco jazmín.
Con el tiempo, los granos rojos aparecen
como satélites fértiles de un planeta feliz.

Se dice que el primer sembrador de café fue el sacerdote Félix Valverde, quien en 1816 le regala semillas a todos sus vecinos. Gracias al café se construyó el hermoso Teatro Nacional. En 1846 se concluyó el camino a Puntarenas, y nuestro café fue transportado en carretas para exportarlo al mercado europeo. Hoy en día el café de Costa Rica es reconocido en todo el mundo.

L de LA AMISTAD

El Parque Internacional de La Amistad,
también conocido como Parque Internacional de La Paz,
es sitio del Patrimonio Mundial Natural.
Aquí vuelan sin miedo el águila arpía,
el rey zopilote y el quetzal.

El sol cálido se levanta,
los animales beben la lluvia
que cae plácida
en la cordillera de Talamanca.

En el Parque de La Amistad
está el cerro de Chirripó.
Aquí los animales van
de Panamá a Costa Rica,
como si el mundo fuese un caracol.

    Es un parque natural transfronterizo entre Costa Rica y Panamá. En el año 1983, La Reserva La Amistad / Parque Nacional fue declarada por la UNESCO como Patrimonio y Herencia Natural de la Humanidad.

M de MONTEVERDE

Después de un largo y empedrado camino
encontrará usted un pueblo de gente buena.
Ahí están: el Bosque Eterno de los Niños
y las reservas de Monteverde y Santa Elena.

Quetzales, pájaros campana, osos perezosos,
abejones, arañas, jilgueros y monos,
un exuberante bosque nuboso
para la alegría y el asombro de todos.

Aire limpio que agradecen los pulmones,
senderos, puentes colgantes, turismo de aventura,
Monteverde es un pueblo noble,
cuna para la paz y para la ternura.

Monteverde es una comunidad ubicada en la provincia de Puntarenas con una vocación especial por conservar los bosques. Es un importante destino turístico, sobre todo para quienes aman y respetan la naturaleza. Esta población fue fundada en 1950 por un grupo de cuáqueros estadounidenses que amaban la paz.

N de NAMAI

Namai significa danta o tapir
en el idioma indígena bribri.
Es el mamífero más gigante
que habita las montañas de nuestro país.

Se alimentan de hojas y semillas
y andan solas por la selva,
aunque de cuando en cuando
se enamoran
y se las ve juntitas en parejas.

Les gusta mucho nadar
y hacer piruetas en el agua fresca.
Los bebés tienen franjas blancas
que brillan con los rayos
en las noches oscuras de tormenta.

El *Tapirus Bairdi* o danta es el mamífero más grande de las selvas de Costa Rica. Está en peligro de extinción, sobre todo por la destrucción de su hábitat. Pueden atacar ferozmente a los humanos si sienten que sus crías están en peligro.

Ñ de ÑAME

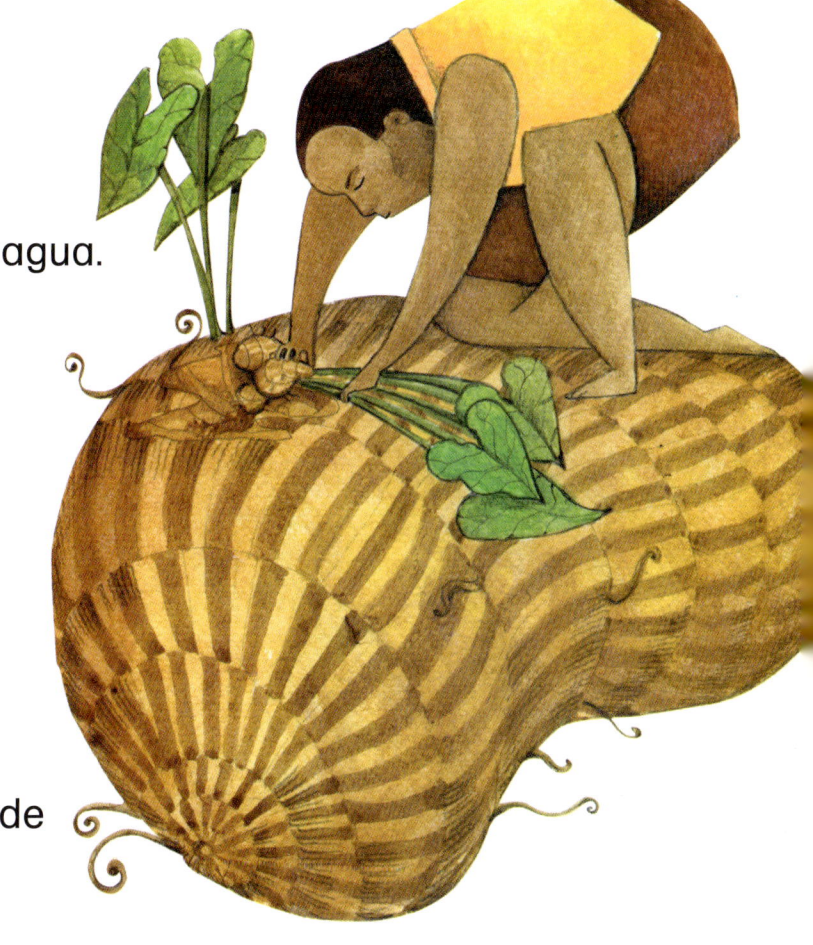

Ñame, nampí, tiquisque, malanga
y su prima la papa chiricana
son tubérculos deliciosos
que crecen agradecidos cerca del agua.

En la olla de carne:
sopa gigante y colorida,
se acompañan de zanahoria, apio,
yuca, papa y chayote.
Nuestra olla de carne
es una fiesta nutritiva

Las hojas verdes del ñame
tienen forma de corazón,
y con las lloviznas suaves de la tarde
parece que danzan esta canción:
ñame, ñampí, tiquisque y malanga,
aman la tierra cerca del agua.

El ñame es un tubérculo delicioso, muy importante en la dieta del costarricense, sobre todo para los campesinos. Además de ser muy nutritivo, ayuda a eliminar toxinas del cuerpo. Dicen que si uno come ñame se le pone la piel brillante.

O de OCÉANOS

Dos océanos bañan mi país,
el Pacífico y el Atlántico.
Cada uno con su propio matiz,
cada cual con su propio encanto.

En el Pacífico: las provincias de Puntarenas y Guanacaste.
Las Islas del Golfo: Chira, San Lucas, Venado, Palomas.
Extensos manglares en la Península de Osa
y cientos de ballenas jorobadas haciendo sus maromas.

En el Atlántico el mar besa la selva con devoción.
Puerto Viejo, Gandoca, Manzanillo, Cocles, Cahuita:
la provincia de Limón.
Los delfines pico de botella navegando sus aguas coralinas.

Costa Rica cuenta con una extensa costa. En el Pacífico 1 016 kilómetros de litoral, y hacia el Caribe 212. El desarrollo turístico es más potente en la costa pacífica. Acá también se encuentran islas de gran importancia para la conservación, como la Isla del Coco y la isla San Lucas. Y zonas de litoral como la del Parque Nacional Corcovado. En el Caribe están los Parques Nacionales de Gandoca-Manzanillo, Tortuguero y Cahuita.

P de PAZ

Costa Rica es un país chiquitico,
ciento doce volcanes, siete provincias y dos mares.
A quienes vivimos acá nos llaman ticos,
y nos sentimos felices de que así nos llamen.

Cuando saludamos decimos «pura vida»,
somos gente de sonrisa espontánea.
Celebramos nuestra independencia con profunda alegría,
y protegemos nuestra tierra de las manos extrañas.

En nuestro país no tenemos ejército,
no obstante acá reinan la paz y la democracia.
Bailamos *reggae*, calipso y tambito,
y todos somos guardianes de nuestras montañas.

Durante del gobierno del doctor Rafael Ángel Calderón Guardia se promulgan la garantías sociales, es decir, protección y derechos para los trabajadores. Otros actores importantes fueron don Manuel Mora y Monseñor Víctor Manuel Sanabria Martínez. Ahí se fundamenta la paz. En 1948, el general Figueres, después de ganar la guerra civil, decide abolir el ejército y continúa reforzando las garantías sociales.

Q de QUIJONGO

Silba el quijongo
igual que el aire entre los bosques.
Don Eulalio Guadamuz Guadamuz,
nos deleita con sus genuinos acordes.

Es un arco de madera
tensado con un alambre de llanta de carro.
Para sacarle la resonancia
le amarran una jícara o un calabazo.

Al quijongo caribeño o limonense
lo tocan en las noches de calipso.
Está hecho con un cajón en su base
y resuena igual que un corazón a todo ritmo.

Es un instrumento musical de cuerda. En otros países se lo conoce como carimba. Tiene forma de arco y mide 140 centímetros de largo. En una de sus extremos tiene una jícara o calabaza que funciona como caja de resonancia. En el Caribe le ponen una caja de madera. Quedan en el país pocas personas que lo fabrican. Entre ellos está don Eulalio Guadamuz, un señor guanacasteco.

R de RÍO CELESTE

En mi país un río
ilumina las miradas de la gente,
es un pedazo de cielo líquido,
es nuestro río Celeste.

Baja desde el volcán Tenorio
acompañando los bosques tropicales,
se tiñe de minerales para el asombro de todos,
y cerca de su cascada termal vuelan mariposas azules.

Dicen que Dios, el creador de creadores,
lavó sus pinceles en estas aguas serenas.
De ahí proceden sus celestiales colores,
que ahora armonizan el despertar de la tierra.

El río Celeste se ubica en el cantón de Guatuso, en Alajuela, dentro del Parque Nacional Volcán Tenorio. Su color celeste se debe a la emanación de sulfuros y a la precipitación del carbonato de calcio. Acá se protegen muchas especies de animales. Usted puede llegar por un hermoso sendero, hasta la cascada, también a la bellísima laguna Danta, y a los teñideros, donde el agua se vuelve celeste como por arte de magia.

S de SABANERO

Botas de cuero, sombrero de ala ancha,
el sabanero, alegre, aunque cansado,
se sostiene en su caballo y guía cientos de vacas.
Conoce desde su niñez los secretos del ganado.

El sabanero cuida con esmero las fincas ganaderas,
sabe de espuelas, de monturas, de caballos y toros,
por eso participa feliz en los topes y en las montaderas.
Tiene un hermoso grito que hace volar guacamayas y loros.

Los potreros y las montañas se tiñen de color pastel.
La brisa del atardecer despierta su ternura.
El sabanero amoroso recoge una flor para su amada mujer.
Canta una canción de amor que se escucha por toda la bajura.

Es el campesino que trabaja con el ganado. Se siente apegado siempre a sus vacas, sus fiestas, las retahílas, los toros y su tierra. Usa fajas con hebillas grandes. Tiene un grito muy característico. Domina el arte de cuidar y domar equinos y bovinos. Monta toros en las fiestas del pueblo y se le ha relacionado con la figura típica del folklore costarricense. Tiene fama de honesto y valiente.

T de TAMBITO

Este ritmo
nació en Costa Rica.
Se baila salteadito
mientras la marimba repica.

Tambito bajo el cielo celeste
donde cabalga el sabanero.
Van las caderas de este a oeste
con este compás pampero.

Esta viva melodía
entusiasma a todo el pueblo tico,
la bailamos con alegría,
mi preferida es «El Torito».

Este ritmo nació en Costa Rica. Se cree que desciende de la antigua danza española. La provincia de Guanacaste es cuna prodigiosa de nuestro folklore. Tradicionalmente se han tocado los ritmos de parrandera, danza y pasillo. La música guanacasteca se acompaña esencialmente con marimba.

U de UJARRÁS

En el Valle de Ujarrás
están las ruinas más antiguas de Costa Rica.
Desde los altos se observa
la carretera serpentear,
y en el fondo aún sus milagrosos
campanarios repican.

En el mes de abril de 1666
Ujarrás fue invadido por los piratas
Mansvelt y Morgan.
En esta peligrosa invasión,
la misma Virgen los fue a defender.
Los piratas escucharon retumbos y vieron miles de sombras.

En agradecimiento le construyeron una iglesia de calicanto,
y cada 23 de abril se realiza una romería.
Ujarrás es un valle agrícola de gran encanto,
y gente de todo el mundo lo visita.

Ujarrás se ubica en la provincia de Cartago. Fue habitado por indígenas huetares. Su nombre se debe al cacique Uxarrací. Fue uno de los primeros lugares en Costa Rica donde se construyó una iglesia consagrada a la Santísima Virgen (1683-1696). Aún hoy prevalecen las ruinas. El valle es famoso por el cultivo de chayote.

V de VOLCÁN ARENAL

En el pueblo de la Fortuna, en la zona norte,
este volcán poderoso ilumina las montañas
con sus explosiones de lava incandescente,
provocando susto y admiración en las madrugadas.

Los indígenas Maleku
dicen que el Dios del fuego vive en sus entrañas,
por eso lo miran con respeto
y agradecen a su Dios cuando el volcán se calma.

Ver el volcán lanzando piedras encendidas
es una experiencia natural
que usted no olvidará
por el resto de su vida.

Se ubica en la provincia de
Alajuela, dentro del Parque Nacional
Volcán Arenal. Es uno de los volcanes
más activos de Costa Rica. Conserva
su forma cónica. Mide 1 670 metros, y
durante sus erupciones es realmente
imponente.

W de WALTER FERGUSON

El calipso está en mi corazón,
su música está siempre en mis pensamientos,
lo canto con toda mi pasión,
me gusta tanto como los dulces
y las semillas de almendro.

Yo vivo en la provincia de Limón,
en un pueblo colorido del Caribe
llamado Cahuita.
Acá bailamos sin pena
y con toda emoción,
porque el ritmo está en el aire
de esta tierra bendita.

Con el calipso contamos historias
curiosas y divertidas.
A veces, nos reímos a carcajadas,
como si alguien nos hiciera cosquillas.

El calipso es una melodía característica del Caribe Americano, la cual llegó directamente de las Antillas. Walter Ferguson es considerado el rey del calipso en Costa Rica. Nuestro calipso es distinto por sus temas y por la composición de sus notas. Ha sido influenciado por otros ritmos, entre ellos la cumbia. Se usan instrumentos como la guitarra, los tambores y el banjo.

X de XILÓFONO

El xilófono es nuestra marimba de Guanacaste.
En la fiestas de Santa Cruz
se escucha por todas partes.
Una en cada esquina de sus calles.

La marimba se acompaña
con güiros y tambores,
sabor, ritmo y armonía,
mil ranitas brincando en los corazones.

Suenan y zumban sus teclas de madera,
las personas disfrutan, se ponen felices,
se llenan de anhelo, bailan por dondequiera:
vuelta, vuelta, suelo, suelo, vuelta,
vuelta, tocan el cielo.

Este melódico instrumento representa muy bien el espíritu del pueblo costarricense, amante de la paz y de la naturaleza. Llegó procedente de Guatemala en tiempos de la colonia. En 1996 se le declara instrumento musical nacional y se le considera símbolo de nuestra cultura y tradición. Posee una serie de láminas de madera ordenadas por tamaño. Cada tecla tiene su propia caja de resonancia. Se utiliza madera de coyol, entre otras.

Y de YIGÜIRRO

A las cuatro de la madrugada
su canto potente inunda las calles.
En la ciudad las montañas fueron taladas,
pero el yigüirro no pudo callarse.

Por eso lo nombraron el ave nacional de Costa Rica.
Hembras y machos tienen un mismo plumaje.
Su canto potente y alegre repica
en los más alejados paisajes.

Vive en todas las provincias,
es feliz anunciando las lluvias,
con su trino alegre se acerca a las casas
cada vez que los cielos se nublan.

El *Turdus grayi*, ave nacional de Costa Rica, se alimenta de frutas, como el higuerón. También come lombrices, caracoles y gusanos. Se cree que con su canto llama las lluvias, por eso es un pájaro muy amado por los campesinos. Curiosamente es un ave que jamás se tiene en cautiverio.

Z de ZOPILOTE REY

En mi país vive un pájaro
que con entusiasmo querrás conocer,
le llaman el cóndor de la selva
o el zopilote rey.

Un traje de colores blanco y negro,
como sacado de la realeza.
Tiene tonos amarillo, azul, rojo y naranja
en el cuello y en la cabeza.

Es mentira que se enoja a diario
con los otros zopilotes de mi tierra.
Todo lo contrario,
esta bella ave se comporta con gran nobleza.

El *Sarcoramphus Papa* es una ave rapaz y carroñera. Su tamaño varía entre 67 y 81 centímetros de longitud, con una envergadura de entre 1,2 a 2 metros, un peso que oscila entre 2,7 a 4,5 kilogramos. En su cabeza tiene carúnculas que parecen gusanos que le cuelgan. Es el que hace el primer corte en los animales grandes, por eso las demás rapaces le ceden el paso. Dicen que carece de olfato y que son los otros zopilotes los que lo guían. Está en peligro de extinción.